eigfrorne gmiatlichkeit

Bairische Gedichte und Epigramme
von Harald Grill

mit Holzschnitten
von Fritz Maier

Verlag Passavia Passau

vielen dank
für anregungen
ratschläge
und offenen gedankenaustausch

dem martin teschendorff
dem fritz
der karin und dem walter
der heidrun und dem hans
der uli
und natürlich
dem zapf!

© 1980
Printed in Germany
Verlag Passavia GmbH
Gesamtherstellung: Passavia Druckerei GmbH Passau

ISBN 3 87616 078 2

meiner lieben Erika

Über Mundart und Literatur –
und über den Autor Harald Grill

Wörtlich genommen sind Literatur (von littera, Buchstabe)
und Mundart (die es zunächst nur gesprochen gibt) nicht
miteinander zu vereinen. Daran ändert auch nichts, daß es eine
Menge gedruckter Mundart gibt, die mit dem Anspruch
auftritt oder vertrieben wird, Literatur zu sein.
Nimmt man aber »Literatur« und »literarisch« als einen wenn
auch vagen Qualitätsbegriff geschriebener oder (zunächst)
gesprochener Sprache, der die Erfüllung formaler und
gehaltlicher Mindestforderungen voraussetzt, dann kann man
auch von Mundartliteratur reden.
Aber die, so verstanden, ist rar. Allmählich kommt man davon
ab, etwas schon für gut und »förderungswürdig« zu halten,
nur weil es in einem Dialekt geschrieben ist. Sogar Verleger
haben angefangen, sich vom umsatzträchtigen Dialekt-Boom
zurückzuziehen, wenn auch ganze Scharen von Dialektboom-
sern zur gefälligen oder nicht gefälligen Unterhaltung
weiterhin ungeniert reimen, leimen, schleimen, was ihnen
niemand verwehren soll. Es darf auch Mund-Unarten geben.
Zu den ganz wenigen anderen nach dem Österreicher
H.C. Artmann (beispielsweise, um nur einen aus unserer Zeit
zu nennen, der wieder Maßstäbe setzte) gehört der Oberpfäl-
zer Harald Grill. Er ist ebenso weit weg von den Zweiglein-
und Steiglein-Reimern wie von denen, die einen Dialekt
lediglich als Vehikel für modische Protesthaltung und
ideologische »Verweigerung« benützen oder für die Anbiede-
rung an das »einfache Volk«. Grills Zeitkritik ist schärfer und

5 überzeugender, schon deswegen, weil ein wesentliches Element
(nicht nur ein Teil) dieser Kritik in der Sprache selber liegt;
eben dies macht viele seiner Gedichte mit ihrer nicht mehr zu
steigernden Knappheit und der Schärfe ihrer »Pointen« zu
gestochenen (und stechenden) Epigrammen – ohnedies eine
Seltenheit in unserer Literatur.

Sein Dialekt wird nicht zu jenem »Soziolekt«, den ein
Literaturwissenschaftler einmal mit Recht beklagt hat. Was
Grills Gedichte »wissen«, ist nicht denkbar ohne das tief
getroffene Gewissen des Dichters. So werden auch seine
dramatisch pointierten Schlußwendungen (wahrhaftig Wen-
dungen für den überraschten Leser, die ihm entgegenspringen
wie ein Schachterlteifi) niemals zu Slogans, zu bloß schick
formulierten Plakattexten; sie bleiben immer im Raum und im
Rang von Dichtung. Diese »Pointen« haben ihre Schärfe von
der Schärfe des dichterischen Bildes, von der Genauigkeit der
Beobachtung, der Betrachtung, die nicht karikiert, sondern im
höchsten Maß redlich ist.

So unbestechlich diese Beobachtung ist, ich halte Harald Grill
nicht für einen Pessimisten, wenn er zeigt, was ist, was so ist.
Hinter seiner sprachlichen Schlag-Fertigkeit, hinter jeder seiner
kritisch und oft böse genug aufblitzenden Schluß-Wendungen
steht unausgesprochen, aber sichtbar wie eine Verheißung,
was sein müßte und, vor allem, sein könnte. Er schreibt weiß
auf Schwarz, und seine Schriftzeichen können uns treffen wie
Blitze. Blitze, die einschlagen – die einschlagen sollen.
Er würde nicht schreiben, wenn er nicht auf Veränderung
hoffte – nicht gleich der Welt, aber vielleicht des einen oder
anderen, der ein Gedicht von ihm liest.

Alois Fink

i kenn an net näher
aber i stell ma vor
der arme mo
is an idealist

der hot sei hoamat so gern
daß a r in seiner freizeit
ganz ehrnamtlich
den drumm kernreaktor übersiehgt

do dafür sammlt a
so scheene olte bauernschränk
und olte mundartausdrück
und olte liaderbiachln
und olte friedhofskreiz

aber des woaß i gwieß

wenn der mo
in a poar joahr aafwacht
na werd nimmer vül do sei
vo seiner hoamat:

grod no bauernschränk
grod no liaderbiachln
grod no listn voller mundartausdrück
grod no friedhofskreiz

liebesgedicht

deine aung san so staad
und so tiaf wia da wold
vo dem wo i ollawal no traam

i hör di schnaufa bei da nacht
wenn da wind seine spinnwebn
in deine äst eifaadlt
und i gfrei mi
aaf de erschtn veegl in da friah

d nacht findt koa end mehr
d veegl bleim staad
amsln und spootzn kriang weiße federn
und kinnan nimmer fliang
mit eahnane siem fliagl

heimatpflege

ollawal
neie
olte sachan
suacha

ollawal hintdro

zerscht hintdro
wal ma net gnua
autobahnen und schnellstraßn kriang

nachat hintdro
wal ma r ollawal no
schnellstraßn und autobahnen baun

vorsorge

kriag
für de leit
vo gestern

kernkraft
für de leit
vo heit

ewige ruah
für de leit
vo morng

eigfrorne gmiatlichkeit

1

mia meng ma
des gmiatliche
des natürliche
des echte boarische

drum
hock ma so gern
mit a poar hundert anderne leit
im kongreßsaal vom deitschn museum
wenn a staade stubnmusi spielt

2

wer wos eigfrorns neifrißt
ohne daß a s aaftaut

der werd selber
an eisklumpn

granit

1

über de felsn zreißt
des staade schwoarze moos

aaf oan schlog
fliang kloane baam
fliagts groos und da dreeg
fliagts leem ausm wold auße

wos überbleibt
san randstoana

2

schwitzate gsichter
aafgschwollne adern
roude brennade aung
sehng di net
sehng nix

wal da preßlufthammer
druckt oam
schlog aaf schlog
an nebl ins hirn

so oder so

1

dene urlauber
is unser landschaft wurscht:

wenn ses aafgarbat ham
fahrns woanders hi

2

uns einheimische
is unser landschaft aa wurscht:

wenn ma s aafgarbat ham
fahr ma in urlaub

sicherung von arbeitsplätzen

so lang wia mia
tablettn fressn
wega jedem scheißdreeg

so lang wia de bauern
gift spritzn
bis zur vagasung

so lang kons
da chemieindustrie
net schlecht geh

scherben machen blind

(für die glasbläser
des bayerischen waldes)

koa gluat mehr
im gloos

koa luft mehr
in da lunga

grod wuat no
im bauch

grod lauter scherm
koane schwammal

grod no bluat in de hänt
koane bleamln

im wold

grod no beton
grod no asfalt
grod no geld

spielgeld

ehrenpreis

[lat.: *veronica*]

koa mensch
kennt mehr de nama
vo de bleamln
vo de baam und büsch

koa mensch
kennt mehr wos lebendigs
grod no stahlbeton
grod no plastik

und im fernsehquiz
kriagst an ehrenpreis
wennst wenigstns an nama
vo dem gift
no woaßt
mit dems d de mehran pflanzn
ausgrott host

a halberts pfund aafschnitt

a halberts pfund aafschnitt
do san drin:
um a fuchzgal
hormone und antibiotika
a weng a fosfat
und a breckl a färbungsmittl
derfs a bißerl mehr sei?

krisnmänätschment

1

wenn se
da herr minister
in sein finger schneidt
kummt statt am bluat
a erdöl

2

bei manche politiker
moanst scho
daß s as erdöl
mim löffl gfressn ham

tauschgschäft

am donauwaller
is s in da doana z dreckat worn
drum is a nauf in d walhalla

de donaufischer
fischn neierdings ollawal
so komische gipsköpf ausm wasser

seiens fiktschn?

(vorlage für ein heimatlied)

polizistn
wern in dei wohnung kumma
wern di mitnehma
mit gfesslte hänt

polizistn
wern da in dei gsicht speim
wern di in mong schlong
mit hoarte feist

polizistn
wern di ohne grund
in a finsters loch schmeißn
mit am wuadign fuaßtritt

na
machst deine aung aaf
wo ollas schwoarz is
rundumadum

und na
tuast vielleicht des
wos d no nia
vorher toa host:

du denkst nach

politischer frühschoppen

de politiker
vakaaffan uns
für bläd
wenns grod wolln

de groußkonzerne
de groußindustrielln
und de andern
müllionäre
mülliardäre
kaaffan se olle politiker
wo s wolln

und mia
derfan grod no wos wolln
wenn de wolln
daß ma wos wolln

und dann
miaß ma genau des wolln
wos sie wolln
daß ma wolln solln

aaf d welt kumma

(fürn martin und fürn andreas)

a kloana
a heller punkt
a liacht

du moanst du
dastickst
du muaßt auße

dein kopf dein kloan
druckts da zamm
dann gurglts di

du schreist
und schreist
so laut wiast konst

du konst nimmer
bist fix und fertig:

dawal solls etz erscht ogeh

da olte ben

der is olt gnua
der hot sei leem glebt
der braucht koa neis mehr
des oane muaß eahm glanga

so denkt er selber
so dengan de leit

der braucht koan dokta
wal wenn a sterm muaß
am krebs oder
woaß da teifl an wos

nachat stirbt a holt:
aus-äpfl-amen!

zu wos brauchan mia heit no
gschnitzte holzschuah
und schnupftabaksdosn aus kuahhörndln

ollas kon ma net hom

roude rosn
an groußn strauß
blumen ausm eigna gartn
hot a seiner frau gschenkt

sie hot se
narrisch gfreit, hot se
gstocha an am dorn
is drei tog später gstorm

aber
wenn a seine rosn
net ollawal mit insektngift gspritzt hätt
waarns halt im leem net
so schee worn

landwirtschaft heitzutog (1)

letzts joahr
hot unser nachbar
s erschte mol an unkrautvatülger gspritzt

oan kanister gift
vorschriftsmäßig
in 200 liter wasser aafglöst
und mim bulldog, mit da giftspritzn
vorschriftsmäßig
den dreeg übers ganze feld vateilt

aber
mist elentiger
do san eahm 50 liter überbliem

schod drum
hot a gsagt
und hots in booch einegschütt

— — —

heia
soll ma des nimmer passiern
hot a se denkt

drum
hot a grod no
150 liter wasser hergnumma
für den gleichn kanister gift

landwirtschaft heitzutog (2)

friahras
hots bei de bauern ghoaßn:

mia fress ma
bloß des fleisch
vo unserne eigna viecha
do wiß ma
mit wos s gfuadat san

heit
gengan de gscheidern bauern
zum nachbarn
und kaaffan eahm
a sau ab:

der fuadat no koane antibiotika

der is selber schuld
wenn a nix vadeahnt

bodenbeschaffenheit

s handwerk
hot an goldan boon

d landwirtschaft
hot an vagiftn

frühling

1

da wind
da wind fetzt
über d berg

da reng
da reng wascht an boon
aus de schischneisn

da mensch
da mensch bleibt alloans
mit seine schi

2

aaf de felder
bliaht da r asfalt aaf
und im wold schlong
de wolknkratzer aus

de erschtn auto
hängan an da wäschelein
und da booch
schaugt di valiabt o
mit seine öl-aung

sommer

1

d sonna scheint
olle veegl pfeifan

olle
bis aaf oan:

der hängt
in deim kühlergrill

2

d urlauber
san wia d brathendl

s gwand oba
aafaran grill hihaun

braun und knusprig
hoamkumma

und
gfressn wern
vom erschtn bestn
arbatstog

herbst

oana
legt da
seine feichtn finger
über d aung

an anderner
vasteckt
des pickate bluat
vo de toudn igln
aaf deiner straß

und
scho schiams di
hinter de milchgloosscheim
vom leichnhaus

riseikling

des waar doch net schlecht
wennst deine boandln
dei ganz gstell
in so an glooskontainer
neischmeißn kaanntst

und wennst
a halberts joahr später
eigschmolzn und preßt
als scheene neie flaschn
wieder dostaandst

winter

ollas weiß
ollas kold
ollas hoart
ollas beißt

aber so lang s no oan
baam gibt
so lang no oa
vogl ummandafliagt
so lang wias no net
bluat rengt
draußt

so lang hamma no koan grund
daß ma r uns drunt
in unserm heizungskeller
aafhängan

ausverkauf

wennst in am kaufhaus arbatst
is s ollawal tog
und ollawal nacht

wennst in am kaufhaus arbatst
kennst de jahreszeitn
bloß no an dem glump
wos d grod vakaaffa muaßt

hallo partner!

(ein nächstenliebesgedicht)

mit hundertsiebazg
hob i n überholt
den lätschnbene

und na
hob i a halberte stund
woartn miaßn
bis a ma
erschte hilfe
gleist hot

koa problem

a schwoarzer mantl
a graus gsicht
des siehgt koa autofahrer

und du
liegst gstaarat
im straßngroom

etz is wieder plootz
aaf da straß

gleichberechtigung

a ausbildungsvasicherung
fürn buam

a aussteuervasicherung
fürs dearndl

für den oan
a hirn

für de anda r
a bettwäsch

grücht

da dokta hotn opariert
und beinah
waar a eahm gstorm

guat
daß n da pfarrer
no grett hot

bayern pop

a nackata engl
spielt mit meim groußvattern
mensch-ärgre-dich-nicht

da männergesangsvarein
in voller besetzung
bringt mit de hellwig-sisters
a waldlermess

und hoch über uns
aaf ana weißn wolkn
liegt aaf woache polster
des hirn
vo so vül leit

– – –

lach net
sülbavogl
de song
sie tans für di

so leicht geht des aa wieder net

dreckate
zoodade hunt
rennan durchs holz
und wildern

nix is mehr sicher
vor eahna
nix is mehr sicher

a jeder plärrt:
taats doch endlich wos!

aber
so schnell geht des aa wieder net

des kon no jahrelang dauern
bis ma den wold ganz
abgholzt ham

schwammalsuacha

(fürn hans)

wenn d leit
beim schwammalsuacha
nix findn
schmeißns vor lauter wuat
ollas hi:

as schwammalbuach
as taschnmesser
de kerbln und taschn

des is unser glück!

wenn ma na mia
zum schwammalsuacha gengan
find ma zwar aa
koane schwammal

aber do dafür
an hauffa
schwammalbiacha
taschnmesser
kerbln und taschn

ordnung muaß sei

rauhe stämm
grod und schiaf
schee und schiach
mit flechtn zuagwachsn
zwischn felsblöck eizwickt
und drunter a teppich
aus moos und tannanadln und blaadln

do hervorn
kumman drei grouße hotels hi

daneem
bau ma r a minigolfbahn und tennisplätz
und übern berg aaffe vier schilifte

und do hintn
miaßn natürlich parkplätz hi
vül parkplätz

aaf de weis
kriang ma na scho
a weng an ordnung eine
in den vahau

sauberne lösung

für
de todesstraf
bin i gwieß net
do soll se scho oft
a richter teischt hom

aber
de ganz schlimma vabrecher
de sollat ma zwinga
daß s selbstmord macha

nächstenliebe

du
mach ma mit
bei da r aktion sorgnkind:
do kinn ma 100000 maackln gwinna

na kaant ma s uns aa leistn
daß ma d oma
in am altersheim unterbringan

herbstweiher

mittn drin in da neblmülchsuppn
hamma unsern weiher
ablassn
hamma de karpfan
in an kühlwong gschlicht

mittn drin in da schwoarzn lettn
zwischn de hupfadn fisch
hammas gsehng
de nackerte frau
an groußn betonstoa
hams ihr um an bauch bundn ghabt

in da zeidung is na gstandn
sie waar a so a nachtklubflietschal gwen
de hot mit am jedn gschlaffa
wenn a grod a geld ghabt hot

wos is des bloß für a welt!
und uns
schmeißn ses nachat
in weiher nei

dene is s ja wurscht
wenn koana mehr unserne fisch kaafft
wenns olle song:
de san aus dem weiher
woaßt scho

pantomime

deine hänt
kinnan des gitter
net gspürn

und trotzdem woaßt
daß s do is
daß d net auße konst
aus deiner haut

dei hirn
draaht se
wiara putzhoodern
im dreckatn wasser

hau ab
wennst no konst
bleib nimmer du selber

de arma veegl

an hauffa spootzn hockan draußt
draußt im schnee

de suachan kerndln und breesln

drin
hinter da eisbleamlscheim
hockt da bua
mit seim wurschtbrot
und breeslt umananda

drin
bloost da opa
aaf d eisbleamlscheim
und vazählt vom kriag:

do hamma nixe ghabt
rein goar nix
do hamma uns manchmol
dahungerte spootzn broon

dei vogl und du

deine hänt
eigsperrt im käfig

und da kanarienvogl
fliagt draußt umananda

do konst nix macha
grod wartn
bis oana
des türl aafsperrt

aber koana is do
und dei vogl
der hot koa lust
daß a di außelaßt

der kennt doch
deine hänt

davurenna

fahrst furt
weit furt
bis di des finsterne
des greane maal gschluckt hot

vagißt ollas
ollas wos di so druckt hot:
fuadast d fisch
mit deine gedankn

bist furt
weit furt
tiaf unter de rindn vo de baam
tiaf drin im holz

hostas olle abghängt
olle bis aaf oan

i fahr zu dir

i mechat an nebl
mit meine finger
aafreißn
mechat sehng
ob s d scho wartst
aaf mi

ich mechat schnell zu dir
steh aafm gas
und fetz
und fliag
und hob aafaramol
an kloan huschadn schattn
vorm kühler
gsehng
übersehng

steig aus
und du
liegst vor mir

meine hänt
dei gwand
da mittlstreifn
des schwoarze bluat
frißt ollas aaf

i mechat an nebl
mit meine finger
zammaziahng
über uns zwoa

wasser aaf da zunga

wasser
aaf da straß

weit hintn
spieln zwoa blooskapelln

a schwangerne frau
fahrt mit da planierraupn

schiabt di
schiabt den ganzn dreeghauffa
ins wasser

und du
wachst aaf
und ziahgst ma
de schlingpflanzn ausm maal

d nacht is kold

da tog is vobei
des gschäft ghört etz
da nacht

da tog is vobei
wos bleibt
des is a bsuffana vasichrungsvatreter
der legt se mittn aaf d straß
und steht nimmer aaf

aber an mond
laßt des kold

der valiert sei gsicht net:
der braucht vo haus aus
koa vasicherung

koana kons mehr

in de baam
hängan kolte gloosaung

draußt aaf de felder
stehst bis zu de knia
im gift

schwoarze blaadln
schwoarze schrift

schwoarz aaf schwoarz
koana kons mehr lesn
koana kon mehr weidaleem

in de baam
hängan kolte leit

draußt aaf de felder
lieng toude schwoarze käfer
aaf schaumgummimatratzn

schwoarze tablettn
schwoarze traam

schwoarz aaf schwoarz
koana mog mehr lesn
koana kons mehr

Inhalt